Jennifer Thu

ENCONTRAR
⏻ EL CIERRE

*Cómo curar un corazón
desesperado de amor.*

Tabla de contenidos

Nota

Este libro es un libro de autorreflexión. Puede ayudarte a superar tu ruptura más fácilmente y a superar las cosas que te molestan en este momento. En tu caso, puede que te sirva tanto como a mí, que por supuesto espero y asumo que así sea. Si te sientes muy mal al rellenar este libro y sientes que no puedes afrontar tu pasado, por favor, busca ayuda profesional de un médico, psicólogo o asistencia espiritual. No hay absolutamente ninguna vergüenza en esto, y ciertamente te ayudará a mejorar. Este libro es de autoayuda y te ofrece un método para superar tu separación de forma simbólica. Me alegro si el libro puede ayudarte y te deseo ahora mucho éxito en el proceso.

NOTA: Para una mejor legibilidad sólo se elige una designación de género a la vez y no se corrigen políticamente todas las formas. Las designaciones personales se aplican a todos los géneros.

Por amor a Ti, he renunciado a mí mismo. Habría sido mejor si hubiera renunciado a ti por amor a mí.

Prólogo

"Por amor a Ti, he renunciado a mí mismo. Habría sido mejor si hubiera renunciado a ti por amor a mí". Si hubiéramos sido conscientes de esto desde el principio, no estaríamos en la situación en la que nos encontramos ahora. Pero precisamente por eso surgió este libro. Quiero hacer un viaje contigo. Un viaje con muchos obstáculos. Se necesita mucho valor, poder de superación y autoestima para dominar este viaje. Para eso estoy aquí. Te acompañaré en tu viaje personal y trataré de ayudarte. Nuestro objetivo es vencer todos los obstáculos, subir los escalones llenos de baches y superar todas las barreras para ver "la luz al final del túnel". No puedo prometerte que vaya a funcionar. Puede que mi ayuda no sea suficiente, puede que no siempre tengas fuerzas para seguir adelante. Pensarás en volver atrás una y otra vez, porque parece ser el camino más fácil. Pero puedo prometerte con certeza que ese es el camino equivocado. En nuestro viaje, quiero que fortalezcas tu autoestima y luches contra las dudas. Reflexionaremos sobre tu relación, intentaremos aceptar que se ha acabado y resolveremos tus sentimientos. Esperemos que el objetivo sea un nuevo comienzo y que por fin aceptes tu situación actual. En pocas palabras, quiero que te desprendas de tu pareja. Todo esto no te parece fácil ahora. ¡Y no lo es, en efecto! Sin embargo, depende de ti cuánto tiempo necesitas para tu viaje, porque sólo tú determinas hasta dónde llegas. O bien tienes odio hacia tu pareja en este momento, o bien sufres sentimientos de inferioridad y dudas, pensando que la razón del fracaso de la relación es toda tuya. A veces también parece que son ambas cosas. Flotas de un lado a otro, buscando el fallo en tu pareja y luego en ti mismo. Se convierte en un círculo vicioso del que ya no puedes escapar per se. En el proceso, nos olvidamos de pensar en un nuevo comienzo. Estamos tan apegados a la antigua relación que hemos creado una gran dependencia de la pareja sin darnos cuenta. Antes de emprender el viaje, primero hay que aceptar la situación actual. No se trata de que esté acabado, sino de que seas consciente de la burbuja en la que te encuentras en este momento. Estamos aquí porque tu relación de pareja ha terminado. Si todavía no te has dado cuenta de que la ruptura se ha producido de verdad, deja este libro a un lado por ahora y no empieces hasta que hayas aceptado la verdad. Porque esa es la base para ordenar tus sentimientos, reflexionar sobre ellos y empezar de nuevo si es necesario. Cuando te sientas preparado, podemos empezar tu viaje.

Juro que sólo diré la verdad sobre mi ruptura, aunque sea difícil para mí.

Si

☐

No

☐

Los caminos más difíciles son las metas más hermosas.

Diario

Antes de empezar, quiero que escribas cómo te sientes y cómo te encuentras en este momento. Escribe también tus sentimientos hacia tu pareja.

Querido diario, hoy me siento

_____

_____

_____

_____

_____

_____

_____

_____

_____

_____

_____

Yo soy:

Marca la casilla:

extrovertido   0% ▨▨▨▨▨▨▨▨▨▨ 100%

introvertido   0% ▨▨▨▨▨▨▨▨▨▨ 100%

emocional   0% ▨▨▨▨▨▨▨▨▨▨ 100%

tímido   0% ▨▨▨▨▨▨▨▨▨▨ 100%

abierto   0% ▨▨▨▨▨▨▨▨▨▨ 100%

impresionable   0% ▨▨▨▨▨▨▨▨▨▨ 100%

arrogante   0% ▨▨▨▨▨▨▨▨▨▨ 100%

rebelde   0% ▨▨▨▨▨▨▨▨▨▨ 100%

con los pies en la tierra   0% ▨▨▨▨▨▨▨▨▨▨ 100%

romántico   0% ▨▨▨▨▨▨▨▨▨▨ 100%

confuso   0% ▨▨▨▨▨▨▨▨▨▨ 100%

triste   0% ▨▨▨▨▨▨▨▨▨▨ 100%

imperfecto   0% ▨▨▨▨▨▨▨▨▨▨ 100%

expectante   0% ▨▨▨▨▨▨▨▨▨▨ 100%

celoso   0% ▨▨▨▨▨▨▨▨▨▨ 100%

Preguntas

Responde a las siguientes preguntas con sinceridad:

¿Eres feliz con tu situación actual?

☐ Si   ☐ No

¿Te han herido a menudo en tu relación?

☐ Si   ☐ No

¿Has podido confiar en tu pareja?

☐ Si   ☐ No

¿Has sido siempre fiel?

☐ Si   ☐ No

Preguntas

Responde a las siguientes preguntas con sinceridad:

¿Te has sentido a menudo abandonado?

Si   No

¿Eres una persona emotiva?

Si   No

¿Te sientes fuerte?

Si   No

¿Eres una persona segura de sí misma?

Si   No

YO

Así es como me describiría a mí mismo:

....

....

....

....

....

....

Así es como me describirían los demás:

....

....

....

....

....

....

YO

Esto es lo que me gusta de mí:

Esto, en cambio, no me gusta:

Preguntas

<u>Mis puntos fuertes:</u>

① ....

② ....

③ ....

<u>Mis debilidades:</u>

① ....

② ....

③ ....

<u>Esto es lo que lamento de la relación:</u>

① ....

② ....

③ ....

<u>Y esto es lo que no:</u>

① ....

② ....

③ ....

Preguntas

<u>Estos son mis lugares favoritos en los que hemos estado:</u>

(1)

(2)

(3)

<u>Estos son mis sentimientos actuales:</u>

(1)

(2)

(3)

<u>Esto fue lo más divertido</u>

(1)

(2)

(3)

<u>Esto es lo que más he odiado:</u>

(1)

(2)

(3)

Preguntas

Esto me hizo feliz:

① ....

② ....

③ ....

Eso me dolió:

① ....

② ....

③ ....

Las cosas de las que tuve que prescindir:

① ....

② ....

③ ....

Mi mayor temor:

....

....

....

Capítulo 1
Tu relación

Capítulo 1 - Tu relación

Estar en una relación es una de las cosas más hermosas que se pueden experimentar en la vida. Nos encanta la cohesión de poder pasar la vida junto a un ser querido y caminar realmente juntos por la vida en todas sus facetas. Especialmente al principio, una relación es lo más hermoso. Nos damos cuenta de que nos quieren. Nos sentimos realizados por la atención que recibimos. Notamos que alguien se preocupa por nosotros, se ocupa de nosotros y nos satisface. Nos alegramos de cada mensaje que recibimos. Puede que tú también lo sepas: te pasa que te quedas mirando el móvil hasta que llega un mensaje o una llamada. Nuestra pareja se interesa por nosotros y queremos devolvérselo. El cosquilleo en el estómago y el aumento de los latidos del corazón se sienten de alguna manera agradables. No te lo puedes explicar, pero también estás de alguna manera en medio de ello, aunque acaba de empezar. En el proceso, creamos una dependencia que luego se convierte en una maldición y en una bendición. Una vez que se han conocido, se vuelve más y más divertido. Tus sentimientos flotan en las nubes. Parece que quieres pasar más y más tiempo con tu pareja, conocerla mejor. No podemos imaginarnos la vida sin esa persona. La relación ha comenzado, ahora pasamos más y más tiempo con la pareja.

Se intercambian muchos mensajes y se realizan cada vez más llamadas telefónicas durante el día. Las primeras citas han quedado atrás y han ido muy bien. Nos imaginamos muy bien el futuro con la otra persona. Los pensamientos son casi siempre los mismos: "Es perfecto", "Nos entendemos muy bien", "Tenemos mucho en común", "Nos completamos el uno al otro", "Así debe sentirse el amor"... El amor puede ser tan hermoso, pero, como seguramente sabes, también muy doloroso. La mayoría de las veces conocemos primero el lado bonito del amor. Nos arreglamos para la pareja, porque al fin y al cabo queremos complacerla. Las citas se multiplican y el tiempo juntos aumenta día a día. Si recibimos un mensaje, queremos responderlo lo antes posible. Al fin y al cabo, nuestra pareja no debería tener que esperar tanto. Ahora esperamos lo mismo de nuestra pareja. Cuando tenemos que esperar más tiempo por una respuesta, nos preguntamos qué está haciendo la pareja en este momento. ¿Qué puede ser más importante en este momento que responderme? Ya no compartimos las decisiones importantes con nuestros padres y amigos, sino con nuestra pareja. De este modo, la pareja también nos quita de encima la toma de decisiones. Así resulta más fácil. Si queremos comprar un coche nuevo, un vestido o una joya nueva, le preguntamos a nuestra pareja si le gusta. La independencia de los padres se siente bien.

Ahora aprendemos a vivir sin la ayuda de nuestros padres. La dependencia a la pareja se hace cada vez más fuerte sin que nos demos cuenta. Por muy bonita que sea la relación, ahora empiezan las pequeñas disputas con el tiempo. Muchas de estas disputas pueden superarse rápidamente si una de las partes cede. Ha llegado el momento de ceder y llegar a un acuerdo. A la pareja no le gusta el vestido, así que no lo compramos. A la pareja no le gusta nuestro aspecto, por eso intentamos cambiar algo de nosotros mismos. El amor hace que una persona haga muchas cosas. Muchas cosas que no habríamos hecho o no nos habríamos atrevido a hacer sin nuestra pareja. Uno ya no se reconoce a sí mismo. Si no intentamos evitar la disputa, ésta se hace cada vez más grande y nos hace daño. A veces queremos imponer nuestra opinión. Si no encontramos un compromiso, la disputa se hace cada vez más grande. Como no queremos perder a nuestra pareja, al final aceptamos su opinión y nos rendimos. Las primeras veces lo superamos muy bien. Entre los lados bonitos del amor, vamos conociendo poco a poco los dolorosos. Llega el momento en que una de las partes se da cuenta de que no encaja. La pareja no parece ser perfecta después de todo. Las cosas que tenemos en común son cada vez más divergentes y ya no nos entendemos tan bien como al principio.

El amor disminuye cada vez más, y el sentimiento se vuelve más frío. Esto puede tener muchas razones. Las peleas se acumulan últimamente, simplemente ya no te gusta tu pareja o tu pareja se ha imaginado la relación de otra manera. Tal vez seas demasiado amable y le prestes demasiada atención. Más atención de la que necesita y tanta que se siente deprimido. Posiblemente también busque otras características físicas que no encuentra en ti. Sin embargo, no debes buscar el fallo en ti. Simplemente no puedes complacerle. El problema es el siguiente: estas cualidades se desarrollan sobre todo en una de las partes. Cuando pensamos que es una discusión más, que seguramente volveremos a encontrar una solución, la otra parte duda cada vez más de la relación. No siempre lo notamos de inmediato. Puede ser que notemos que la pareja se comporta de forma diferente y se distancia un poco, pero en ese momento ni siquiera pensamos en una separación. Nos decimos a nosotros mismos que es sólo una fase que pronto terminará. La relación continúa, pero la pareja se prepara cada vez más para la separación. Si nos diéramos cuenta de esto, nos resultaría fácil prepararnos también para la ruptura. Pero en este momento, no queremos separarnos. Empezamos a complacer a la pareja cada vez más, intentamos volver a gustarle y cambiamos nuestra decisión y toda nuestra vida por esa persona.

Intentas con todas tus fuerzas cambiar por esa persona. Tu comportamiento cambia, no dejas que llegue a una discusión, e intentas cambiar algo de tu cuerpo. Todo aquello en lo que piensas dentro de ti: "así es como le complaceré de nuevo". Al fin y al cabo, quieres salvar la relación. Sin embargo, la mayoría de las veces ya es demasiado tarde. Nuestra pareja ya ha concluido la relación, pero aún no te lo hace saber. Al fin y al cabo, no quiere hacerte daño, porque han pasado un buen rato juntos a pesar de todo. En algún momento, llega el momento y la relación se rompe.

Pro/Contra

Haz una lista de pros y contras de tu ex-relación:

PRO	CONTRA
Por ejemplo,	*Por ejemplo,*
a mi familia le gustaba	*a menudo me sentía*
	abandonado

Dependencia

Por este motivo, me siento dependiente de mi pareja:

....

....

....

....

....

No puedo imaginarme haciendo esto sin mi pareja:

....

....

....

....

....

....

Dependencia

Así se sentía la dependencia antes de la ruptura:

....

....

....

....

....

....

Así es como se sentía la dependencia después de la ruptura:

....

....

....

....

....

....

Dependencia

Esto es lo que la dependencia me hace:

CELOS

Lo que dicen los demás

Esto es lo que han dicho mis padres sobre la relación:

_____

_____

_____

_____

_____

Esto es lo que han dicho mis amigos sobre la relación:

_____

_____

_____

_____

_____

¿Si o no?

¿Intentas recuperar a tu ex pareja?

☐
Si

☐
No

¿Estás esperando un mensaje de tu pareja/ex pareja?

☐
Si

☐
No

¿Quieres hacer cambiar de opinión a tu pareja?

☐
Si

☐
No

¿Si o no?

¿Quieres hacer sentir culpable a tu pareja?

☐ Si   ☐ No

¿Crees que nunca podrás volver a ser feliz?

☐ Si   ☐ No

¿Sientes un vacío en tu interior?

☐ Si   ☐ No

¿Lloras a menudo?

☐ Si   ☐ No

Recapitulación I

Mirando hacia atrás, esto es lo que he aprendido/esto es lo que voy a hacer para el futuro:

(Presta atención a cómo has respondido a las preguntas y a lo que quieres cambiar).

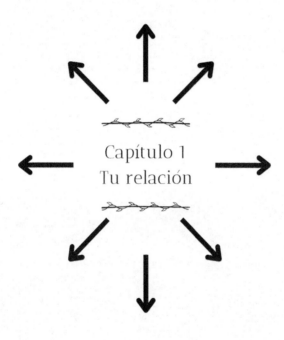

Capítulo 1
Tu relación

Incluso una puerta pesada no tiene necesidad más que de una pequeña llave.

- Charles Dickens

Capítulo 2
Se acabó

Capítulo 2 – Se acabó

Este capítulo empieza con una triste verdad. Tu pareja tiene todo el derecho de dejarte.

Después de todo, no puedes forzarlo a que este en una relación en la que no quiere estar. Nosotros no tenemos que entender el hecho de que nos dejaron, pero si ser capaces de aceptarlo. Estas en un estado emocional muy profundo en este momento. Un nuevo comienzo pareciera imposible al inicio. Estas buscando en ti, las razones que dieron lugar a que se terminará la relación. Pareciera que no merecías estar en esa relación o que no diste todo lo que podías. Los pensamientos en tu cabeza probablemente se parezcan a lo siguiente: "Nunca volveré a ser feliz", "Nunca seré capaz de encontrar una persona igual de nuevo", "No seré capaz de confiar o de enamorarme de nuevo". Pero puedo tranquilizarte, porque eso es exactamente lo que harás. Por desgracia, nos complicamos la vida. Nos decimos a nosotros mismos que no podemos hacerlo y entonces eso es exactamente lo que nos lo hace más difícil. Sólo que ahora te das cuenta de lo dependiente que eras de tu pareja. La vida sólo progresó juntos. Hiciste sacrificios por la relación, te sacrificaste y lo diste todo. Ahora estás solo y piensas que nunca volverá a ser lo mismo. Pero ahora es el momento de tomar las riendas de tu vida y estar mejor preparado para el futuro.

La pregunta "¿Por qué?" probablemente te acompañará durante mucho tiempo. ¿Por qué no ha funcionado? ¿Qué hice mal? ¿Por qué he fracasado? Son preguntas a las que buscarás una respuesta durante mucho tiempo, pero no la encontrarás. Al fin y al cabo, normalmente no es culpa nuestra que nuestra pareja haya roto con nosotros. Lo hemos dado todo, pensamos para nosotros mismos. En lugar de preguntarnos "¿Por qué?", es mucho más fácil pensar en lo que podemos sacar de la relación para el futuro. ¿Qué no fue tan bien? ¿Qué aprendiste de ello? ¿Qué vas a abordar de forma diferente en el futuro? Nuestras emociones y hormonas están alteradas. Empezamos a pensar sólo en la relación rota durante todo el día. Durante el día nos sentimos sin ningún impulso. No queremos salir de la cama por la mañana, no podemos concentrarnos en lo esencial en el trabajo y no podemos dormir por la noche. En el proceso, a menudo nos descuidamos, tanto mental como físicamente. Asegúrate siempre de estar bien. Cuanto más te sumerjas en tu situación, más fuerte te golpeará. Te haces más difícil la salida. No abandones la higiene personal y no recurras al alcohol o a las drogas. Dan la sensación de que ayudan, pero se sabe que sólo son sustancias adictivas.

No pienses que pudiste haber cambiado a tu pareja o haber salvado la relación. Después de todo, una relación la forman dos personas. Entonces, no tiene sentido si solo una persona hace el esfuerzo de salvar la relación. Acepta que la dependencia a tu pareja es muy fuerte.

Tómalo como un placer, y es un placer. Tómalo como una tortura, y es una tortura.

Análisis de pareja

¿Qué te gustaba y que no te gustaba de tu pareja?

Me gustaba
mucho esto

No me gustaba
mucho esto

Análisis de pareja

Cosas que le ocultaste a tu pareja

① ....

② ....

③ ....

④ ....

⑤ ....

Estas fueron las razones

① ....

② ....

③ ....

④ ....

⑤ ....

Análisis de pareja

Cosas que aprendí de mi pareja después de terminar la relación:

① ....

② ....

③ ....

④ ....

⑤ ....

Cosas que mi pareja me ocultó:

① ....

② ....

③ ....

④ ....

⑤ ....

NOSOTROS

Nuestros mejores recuerdos en pareja:

_____

_____

_____

_____

_____

_____

Nuestros peores recuerdos:

_____

_____

_____

_____

_____

_____

NOSOTROS

Pelea más grande con tu pareja:

_____

_____

_____

_____

_____

_____

El motivo de esta pelea:

_____

_____

_____

_____

_____

_____

¿Si o no?

Responde las siguientes preguntas sinceramente:

¿Bebes mucho alcohol?

☐	☐
Si	No

¿Has pensado en utilizar alguna otra droga?

☐	☐
Si	No

¿Te preocupas por tu higiene?

☐	☐
Si	No

¿Te sientes físicamente abandonado?

☐	☐
Si	No

¿Si o no?

¿Te estás cuidando bien?

Yes   No

¿Sientes que tu vida no tiene sentido en este momento?

Yes   No

¿Haces mucho ejercicio?

Yes   No

¿Te distraes?

Yes   No

Los últimos mensajes

Mi último mensaje de WhatsApp a mi expareja:

El último mensaje que me envío:

Recapitulación II

Mirando hacia atrás, esto es lo que aprendí/esto es lo que quiero hacer para el futuro?

(Pon atención en cómo respondiste las preguntas y qué quieres cambiar).

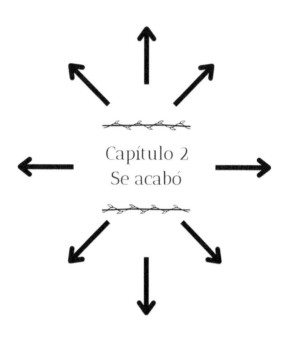

Capítulo 2
Se acabó

Lo malo de los complejos de inferioridad es que los tienen las personas equivocadas.

- Jacques Tati

Capítulo 3
Clasificar los
sentimientos

Capítulo 3 – Clasificar los sentimientos

Los sentimientos de culpa y las dudas están fuera de lugar ahora y sólo te arrastrarán hacia abajo. Te impiden aceptar el fin de la relación de pareja y empezar de nuevo. Intenta reconstruir tu vida. Lo más probable es que tu pareja no vuelva. Si vuelve, será aún más fácil que vuelva a romper. Ten siempre presente que tendrás que vivir con el temor de que vuelva a romper contigo y te vuelvas a hundir. Recuerda que los sentimientos son humanos. Tienes que superar el miedo a la soledad. Seguro que hay alguien ahí fuera que te hará feliz. El pasado es siempre una experiencia para el futuro. Lo que hagamos de él depende de nosotros. Ahora tienes que convencerte de la separación. No te mientas a ti mismo ni a los que te rodean. Anuncia la separación. Nadie de tu entorno puede estar a tu lado y ayudarte si nadie lo sabe. Tu teléfono móvil dificultará tu viaje. No te quedes mirando el móvil todo el día. No esperes un mensaje o una llamada. No intentes seguir a tu pareja en las redes sociales. Tampoco le llames ni le envíes mensajes. Todo esto suena muy duro, pero te ayudará a soltarte más rápido. Lo mejor es apartar el teléfono por completo. Una "desintoxicación digital" sin duda te hará bien. Sin embargo, informa a tu familia y amigos más cercanos antes de hacerlo para que no tengan que preocuparse si no pueden localizarte.

Si tienes celos de tu pareja, eso sólo demuestra que le quieres. No tienes que avergonzarte de este sentimiento. Si esa persona intenta deliberadamente darte celos, eso demuestra exactamente lo contrario. No dejes que te deprima, porque no puedes evitarlo. Intenta convencerte de la ruptura y acepta el dolor. Míralo como una enfermedad que se curará tarde o temprano. Ya conoces el dicho: "El tiempo cura todas las heridas". Te gustaría ser una persona diferente a la que eres ahora. Una persona sin el dolor de la separación. Alguien que no sienta lo que tú sientes ahora. Pero no tienes que ser una persona diferente para superar este tiempo y olvidar.

Análisis emocional

Marca la casilla:

Amor   0% ████████████████████ 100%

Dolor   0% ████████████████████ 100%

Dependencia   0% ████████████████████ 100%

Dolor de
corazón   0% ████████████████████ 100%

Lealtad   0% ████████████████████ 100%

Odio   0% ████████████████████ 100%

Confianza   0% ████████████████████ 100%

Miedo   0% ████████████████████ 100%

Ira   0% ████████████████████ 100%

Alegría   0% ████████████████████ 100%

Desprecio   0% ████████████████████ 100%

Preocupación   0% ████████████████████ 100%

Triste   0% ████████████████████ 100%

Confusión   0% ████████████████████ 100%

Serenidad   0% ████████████████████ 100%

¿De quién es la culpa?

Quién tuvo la culpa del fracaso de la relación:

....

....

....

....

Su punto de vista:

....

....

....

....

Mi punto de vista:

....

....

....

....

¿De quién es la culpa?

<u>Factores externos, por ejemplo, amigos, trabajo, familia:</u>

<u>Otros factores:</u>

Da rienda suelta a tus sentimientos

Escribe aquí todos los pensamientos y sentimientos que te vienen a la mente sobre tu pareja o que aún están cerca de tu corazón.

Viaje en el tiempo

Dale a tu pasado algo para llevarlo contigo. ¿Qué habrías hecho de forma diferente si pudieras volver a una época determinada?

Querido yo del pasado,

....

....

....

....

....

....

....

....

....

....

....

....

....

¿Si o no?

¿Sigues sintiendo algo por tu pareja?

☐ Si   ☐ No

¿Quieres hacer que tu pareja se sienta culpable?

☐ Si   ☐ No

¿Deseas lo peor para tu pareja?

☐ Si   ☐ No

¿Sientes odio y rabia cuando piensas en tu pareja?

☐ Si   ☐ No

Yes Or No?

Answer the following questions truthfully:

¿Tienes miedo de no encontrar una pareja?

Si

No

¿Crees que te sentirás solo en la vejez?

Si

No

¿Tienes sentimientos de culpa?

Si

No

¿Sientes que te vas a asfixiar por la noche?

Si

No

Recapitulación III

Mirando hacia atrás, esto es lo que he aprendido/esto es lo que voy a hacer para el futuro:

(Presta atención a cómo has respondido a las preguntas y qué quieres cambiar).

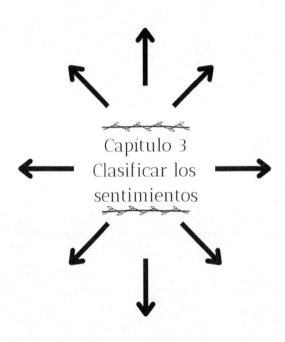

Capítulo 3
Clasificar los
sentimientos

Si puedes reír donde podrías
haber llorado, vuelves a tener
ganas de vivir.

- Werner Finck

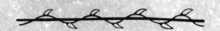

Capítulo 4
Nuevos comienzos

Capítulo 4 - Volver a empezar

Hoy es el primer día del resto de tu vida. La vida es demasiado hermosa para perder el tiempo. Un tiempo que nunca recuperaremos. No debemos dar este tiempo a quienes no lo merecen. Por favor, piensa en lo que has tenido que prescindir. ¿Había cosas en la relación que te estaban prohibidas? Tal vez ahora sea el momento de hacer esas cosas. Después de todo, querías hacerlo, pero no te lo permitieron. Siéntete libre. Sin ninguna dependencia, sin rendir cuentas. Levántate temprano por la mañana. Elige lo que vas a hacer. Prepárate un festín para desayunar o sal a correr. Conoce tu nuevo entorno. Cuida tu cuerpo y tu alma. Haz ahora todo lo que no podías hacer. Ve al trabajo con una sonrisa y mantén siempre la sonrisa cuando te encuentres con tus amigos. Busca nuevas aficiones o practica las que ya tienes con más intensidad. Deshazte de cualquier objeto que pueda recordarte a tu pareja. Haz todo lo que sea bueno para ti. ¿Quién quiere detenerte ahora? La vida de soltero puede ser muy bonita. No caigas en la soledad. Siempre que surjan tus sentimientos, no intentes reprimirlos, sino deja que te invadan. Al fin y al cabo, eres más fuerte que ellos. Intenta distraerte. Si no puedes dormir por la noche, pregunta a tus amigos si puedes quedarte en su casa. Encuentra la alegría de pasar tiempo con la familia.

Chapter 4 – Starting Over

Te harán olvidar. Date un respiro de todo esto. Vete de vacaciones, visita un centro de masajes o haz un día completo de spa. Es hora de pensar sólo en ti durante un tiempo. Tú eres el centro de tu vida y nadie más. El cambio es difícil. Los humanos somos criaturas de costumbres. No nos gustan los cambios porque requieren demasiada energía. El cuerpo siempre trata de utilizar la menor cantidad de energía posible. Esto nos hace perezosos. Así, nos quedamos estancados en una fase de la vida durante mucho tiempo. Por lo tanto, siempre debes ir despacio cuando hagas grandes cambios en tu vida. Cambia tu vida, pero lentamente. Empieza con cosas pequeñas. Deja el móvil a un lado, poco a poco, cada día. Empieza a hacer ejercicio, aumentando en pequeños pasos. Haz lo que quieras, date un capricho. Cuanto más te acostumbres al cambio y hagas algo al respecto, más fácil será conseguir tu objetivo. Al principio tendrás tus dificultades, porque estás saliendo de tu zona de confort. Todo te parecerá extraño porque no es tu rutina. Deja que el cambio se convierta en tu rutina.

Esto es lo que pasa por mi cabeza

Escribe aquí todos los pensamientos y sentimientos que te molestan en este momento:

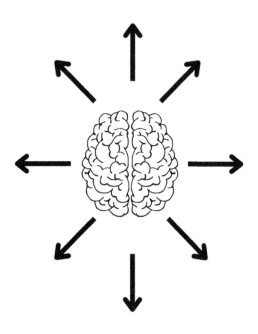

Esto es lo que pasa por mi cabeza

¿En qué piensas antes de acostarte?

Otros y yo

¿Cómo te ayudan tus amigos?
¿Qué dicen de tu separación?

....

....

....

....

....

....

....

....

....

....

....

....

Otros y yo

¿Cómo te ayudan tus amigos?
¿Qué dicen de tu separación?

....

....

....

....

....

....

....

....

....

....

....

....

....

No más prohibiciones

Cosas que querías hacer pero que no se te permitían:

1. ....

2. ....

3. ....

4. ....

5. ....

Esas eran las razones:

1. ....

2. ....

3. ....

4. ....

5. ....

Si o No

¿Te sientes liberado?

Si   No

¿Puede encontrar cosas positivas en la ruptura?

Si   No

¿Deseas lo mejor para tu pareja?

Si   No

¿Te has desprendido de todos los objetos personales de tu pareja?

Si   No

Volver al futuro

Dale algo a tu futuro. ¿Qué quieres cambiar en el futuro? ¿Cómo cambiarán tus sentimientos y tu carácter?

Querido yo en el futuro,

Recapitulación IV

Mirando hacia atrás, esto es lo que he aprendido/esto es lo que voy a hacer para el futuro:

(Presta atención a cómo has respondido a las preguntas y qué quieres cambiar).

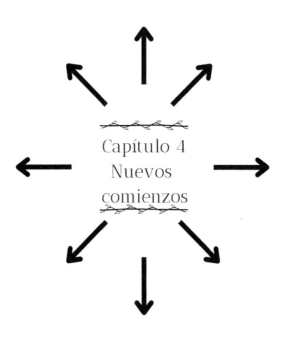

Capítulo 4
Nuevos
comienzos

Y si sientes que todo parece desmoronarse en este momento, mantén la calma. Sólo se está ordenando de nuevo.

Capítulo 5
¡Encuentra el cierre!

Capítulo 5 – Encuentra el cierre

Aquí el nombre lo dice todo. Has comprado este libro porque quieres concluir con tu separación y por fin dejarte llevar. El futuro es el resultado de las experiencias del pasado y de la intrepidez del presente. Si hemos adquirido experiencia, lo que hemos vivido no ha sido en vano. Si no tenemos miedo en el presente, no tenemos miedo al futuro. El futuro puede venir a nosotros con todos sus obstáculos. Los conquistaremos. El pasado es sólo historia. No nos sirve de nada lamentarlo. En lugar de odiar a nuestra pareja, deberíamos agradecerle por dentro. Agradecidos por la experiencia y por el gran momento vivido. Gracias a esa persona, nos hemos vuelto a encontrar a nosotros mismos. Así que la separación no sólo tuvo aspectos negativos, sino también algunos positivos. Ahora sabemos que estar solos no es una debilidad. Hemos aprendido a querernos y a cuidarnos. Más que nunca, más que nadie. Además, ahora sabemos lo fuertes que somos. También hemos podido conocer nuestras debilidades. Una vez que aprendes a controlar tus emociones, te vuelves invencible. Nunca entregues tu vida y tu corazón a los brazos de otro. La curación comienza desde el momento en que aceptas la separación, aceptas el dolor y confías en que lo mejor vendrá. La curación empieza por ti. Por lo tanto, ahora es el momento de cerrar.

Carta de despedida

Escribe una carta de despedida, pero no la envíes. Escribe todo lo que se te ocurra. Este será tu último mensaje a tu pareja.

Recapitulemos

<u>Recapitula tu ruptura una vez más:</u>

¿Qué cosas positivas sacas de tu ruptura?

....

....

....

¿Cómo has cambiado a raíz de la ruptura?

....

....

....

¿Qué rasgos de carácter has adquirido?

....

....

....

Recapitulemos

¿Qué aprendiste de tus propios errores?

....

....

....

¿Volverías a cometerlos?

....

....

....

¿Qué podrías hacer para mejorar?

....

....

....

Recapitulemos

¿Cómo ves tu ex-relación desde la distancia?

....

....

....

¿Qué cosas volverías a hacer de la misma manera?

....

....

....

¿Qué cosas no volverías a hacer?

....

....

....

Mi mayor secreto, que nadie puede saber...

(Arranca esta página después y encuentra por fin un cierre con ella)

....

....

....

....

....

....

....

....

....

....

....

....

....

Mi peor experiencia:

(Romper esta página después y finalmente encontrar un cierre con ella)

....

....

....

....

....

....

....

....

....

....

....

....

Esto siempre me hace llorar

(Arranca esta página después y finalmente encuentra un cierre con ella)

....

....

....

....

....

....

....

....

....

....

....

....

....

Esto siempre me hace llorar

(Arranca esta página después y finalmente encuentra un cierre con ella)

Absolutamente nadie puede saber esto:

(Arranca esta página después y finalmente encuentra un cierre con ella)

He ocultado esto a mi pareja

(Arranca esta página después y encuentra por fin un cierre con ella)

....

....

....

....

....

....

....

....

....

....

....

....

Este es mi mayor miedo

(Arranca esta página después y finalmente encuentra un cierre con ella)

Recapitulación V

Mirando hacia atrás, esto es lo que he aprendido/esto es lo que voy a hacer para el futuro:

(Presta atención a cómo has respondido a las preguntas y a lo que quieres cambiar).

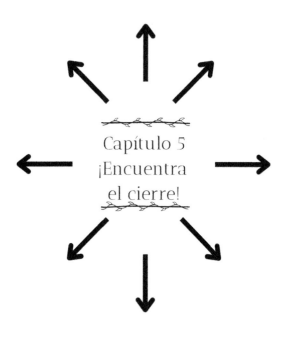

Capítulo 5
¡Encuentra
el cierre!

Cierre

Ahora has llenado completamente este libro y has sacado todos los recuerdos negativos de tu relación una vez más. Una vez que hayas marcado la casilla de abajo, podrás cerrar las cosas negativas de tu pasado por escrito y centrarte en un futuro feliz. Las cosas positivas de tu pasado te ayudarán a conseguirlo. No es importante cuándo pongas la cruz, sino que finalmente la pongas. Si todavía no te sientes preparado para ello, ¡vuelve a esta página en cuanto lo estés!

¡He terminado con la relación!

☐

Cuanto más bello y pleno es el recuerdo, más dura es la separación. Pero la gratitud transforma el recuerdo en una tranquila alegría.

- Dietrich Bonhoeffer

Capítulo 6
Tu futuro

El círculo de la atención plena

Conciencia clara

Liberación de las influencias externas

Satisfacción y calidad de vida

Percepción consciente

Meditación y Yoga

LA ATENCIÓN PLENA SIGNIFICA EXPERIMENTAR LOS MOMENTOS CONSCIENTEMENTE...

En el camino hacia ti mismo, la atención plena es un componente importante. La atención plena es la capacidad de permanecer con tus pensamientos en el momento presente y no con tus miedos, preocupaciones y problemas del pasado o del futuro. Quiero darte algunos consejos concretos que puedes poner en práctica ahora mismo para ser más consciente y apreciarte a ti mismo y a tu situación.

Pero antes, quiero explicarte lo que el mindfulness puede hacer por ti y por qué deberías incorporarlo definitivamente a tu día. El mindfulness o atención plena puede ayudarte a despojarte de cargas, a vivir tu vida conscientemente como quieres y a no dejarte controlar por el día a día. Se ha demostrado que la práctica regular de mindfulness reduce el estrés, ya que provoca cambios mensurables en la sangre y el cerebro. Tu estado de ánimo puede mejorar, la depresión puede prevenirse y tu capacidad de concentración puede aumentar. También puedes afrontar mejor el dolor y tu inteligencia emocional puede aumentar. Por no hablar de que los ejercicios de atención plena pueden ayudarte con la ansiedad y las reacciones de pánico. Así que son muchos los beneficios... en la siguiente página encontrarás los ejercicios.

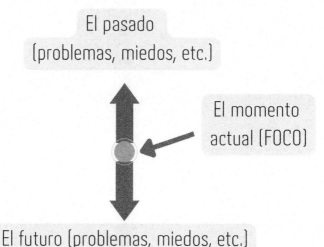

El pasado
(problemas, miedos, etc.)

El momento
actual (FOCO)

El futuro (problemas, miedos, etc.)

Ejercicios de atención plena

Dedica de 2 a 5 minutos a cada uno de estos ejercicios, a menos que se describa lo contrario. De 1 a 3 ejercicios al día son perfectos para lograr un impacto efectivo.

EJERCICIO DE OLFATO:

Get a few things that smell particularly strong. This could be coffee, cheese or a candle. How does it feel and what feelings come up?

EJERCICIO DE RESPIRACIÓN:

Concéntrate completamente en tu respiración. Siente cómo el aire entra y sale de ti al inhalar y exhalar. Intenta concentrarte realmente sólo en tu respiración y no estar en ningún otro lugar con tus pensamientos.

ESTILISMO:

¿Cómo te sientes con tu ropa? ¿Te sientes cómodo o te sientes apretado con algunas prendas?

EJERCICIO DE DESCANSO:

Pasa unos minutos u horas en absoluto silencio, sin ruidos. ¿Cómo se siente? ¿Te sientes inquieto o relajado?

EJERCICIO DE SENTIDO:

No importa en qué lugar te encuentres. Presta atención a todo lo que fluye hacia ti: ¿Qué sientes, hueles y oyes? ¿Te sientes sobreestimulado? ¿Tienes una sensación de miedo? Permite que tus sentimientos fluyan y trata de relacionarlos.

EJERCICIO SOBRE LAS PERSONAS:

¿Cómo evalúas a otras personas? ¿Cómo las evalúas tú? ¿Encasillas a las personas o las juzgas en función de su vestimenta, aspecto o forma de ser? ¿Los desconocidos te parecen más positivos? ¿O tienes reservas?

EJERCICIO DEL CUERPO:

Cierra los ojos y recorre con tu atención todo tu cuerpo de arriba a abajo. Empieza por el pelo y recorre lentamente cada parte de tu cuerpo hasta llegar a los pies. ¿Cómo se siente tu cuerpo? ¿Hay algún problema en alguna parte?

EJERCICIO DE LA LUCHA

A partir de ahora, aprovecha el momento en que estás en una cola, por ejemplo, en el supermercado. Sé consciente de tu entorno. ¿Estás molesto, tranquilo o impaciente? ¿Cómo se comporta la gente? ¿Cómo te comportas tú? ¿Qué te provoca la espera?

EJERCICIO DE DOLOR:

Pellizca tu muslo y presta atención a cómo se siente y cómo sientes el dolor. ¿Qué sientes exactamente? ¿Y qué sentimientos surgen en ti? ¿Te enfadas o te pones ansioso?

EJERCICIO DE MÚSICA:

Escucha tu canción favorita. Presta mucha atención a la letra, la melodía y el ritmo. ¿Qué te provoca la canción? ¿Cuándo y dónde la escuchaste por primera vez?

EJERCICIO DEL GUSTO:

Coge un alimento y ponlo en tu lengua. Presta mucha atención a la sensación que produce el alimento en tu lengua y a los cambios de textura, temperatura, etc.

EJERCICIO DEL "YO":

A lo largo del día, presta atención a la frecuencia con la que utilizas la palabra "yo" o cuando hablas de ti a los demás. ¿Notas algo diferente? ¿Hablas mucho de ti mismo o no lo haces? ¿Hablas de los problemas ajenos?

EJERCICIO DE FUSIÓN:

Acuéstate cómodamente y ahora imagina que te fusionas con el suelo debajo de ti. Cada respiración refuerza el proceso.

No importa lo difícil que haya sido el día de ayer, siempre puedes empezar de nuevo hoy.

- Buddha

Los pilares de la vida

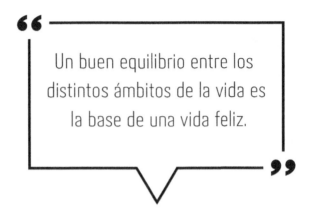

Un buen equilibrio entre los distintos ámbitos de la vida es la base de una vida feliz.

El siguiente gráfico muestra los cinco pilares más importantes que influyen significativamente en tu felicidad. Tu atención debe distribuirse por igual entre todos los pilares y no debes preocuparte por uno solo.

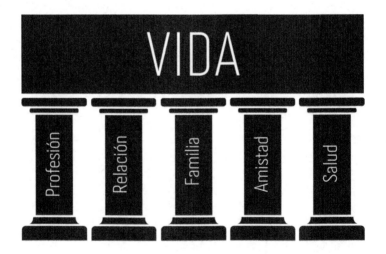

Análisis de la situación

Revisa:

¿En el trabajo?

☐ ☐ ☐ ☐ ☐ ☐ ☐

Nada satisfecho   Satisfecho   Muy satisfecho

¿En la relación?

☐ ☐ ☐ ☐ ☐ ☐ ☐

Nada satisfecho   Satisfecho   Muy satisfecho

¿En la familia?

☐ ☐ ☐ ☐ ☐ ☐ ☐

Nada satisfecho   Satisfecho   Muy satisfecho

¿En la amistad?

☐ ☐ ☐ ☐ ☐ ☐ ☐

Nada satisfecho   Satisfecho   Muy satisfecho

¿En la salud?

☐ ☐ ☐ ☐ ☐ ☐ ☐

Nada satisfecho   Satisfecho   Muy satisfecho

SMART

Después de hacer un breve inventario, nos gustaría dirigir nuestra atención al futuro. ¿Qué te gustaría mejorar en esa área de la vida? ¿Cuáles son tus deseos y objetivos? En las siguientes páginas puedes escribir de forma breve y concisa tus objetivos. Utiliza el método SMART, que ahora te explicaremos. Este método se recomienda siempre que te propongas un nuevo objetivo.

El método SMART:

ESPECÍFICO: Los objetivos deben ser lo más específicos y concretos posible.

MEDIBLE: Los objetivos deben formularse de forma medible.

ATRACTIVO: Los objetivos deben planificarse de manera que uno tenga el deseo y la motivación de alcanzar los objetivos fijados.

REALISTA: Los objetivos deben ser realistas y alcanzables con los recursos disponibles.

PLAZO: Los objetivos deben planificarse y alcanzarse de forma vinculante (por ejemplo, mediante una fecha).

¿Qué quiero lograr profesionalmente?

Mi objetivo específico:

....

....

....

....

Así es como quiero lograrlo:

....

....

....

....

Esto es cuando quiero lograrlo:

....

....

Esto también es importante para mí mientras lo consigo:

....

....

¿Qué quiero conseguir para mi relación?

Mi objetivo específico:

....

....

....

....

Así es como quiero conseguirlo:

....

....

....

....

Entonces quiero lograrlo:

....

....

Esto también es importante para mí mientras lo logro:

....

....

¿Qué quiero conseguir en el ámbito familiar?

Mi objetivo específico:

....

....

....

....

Así es como quiero conseguirlo:

....

....

....

....

Esto es cuando quiero lograrlo:

....

....

Esto también es importante para mí mientras lo logro:

....

....

¿Qué quiero conseguir con mis amigos?

Mi objetivo concreto:

....

....

....

....

Así es como quiero lograrlo:

....

....

....

....

Esto es cuando quiero lograrlo:

....

....

Esto también es importante para mí mientras lo logro:

....

....

¿Qué quiero conseguir en materia de salud?

Mi objetivo específico:

....

....

....

....

Así es como quiero lograrlo:

....

....

....

....

Esto es cuando quiero lograrlo:

....

....

Esto también es importante para mí mientras lo logro:

....

....

107

Estar agradecido

Escribe lo que realmente agradeces.
Estoy agradecido por estas 10 cosas:

① ....

② ....

③ ....

④ ....

⑤ ....

⑥ ....

⑦ ....

⑧ ....

⑨ ....

⑩ ....

Recapitulación VI

Mirando hacia atrás, esto es lo que he aprendido/esto es lo que voy a hacer para el futuro:

(Presta atención a cómo has respondido a las preguntas y a lo que quieres cambiar).

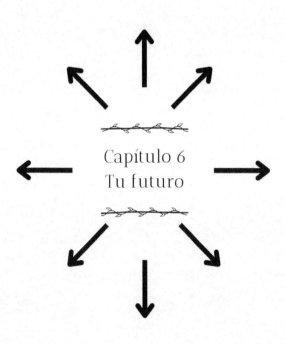

Capítulo 6
Tu futuro

La tragedia de la vida de muchas personas es que buscan en todas partes un sentido de autoestima, excepto en su propio interior.

- Nathaniel Branden

EPÍLOGO

Has llegado al final del libro y puedes estar muy orgulloso de ti mismo. Sin duda, los ejercicios no siempre fueron fáciles para ti, pero lo has conseguido. Has conseguido dejar atrás tu ex-relación, aunque siempre seguirá siendo una parte de ti. Una parte con la que te has reconciliado. Cuando cierres esa última página, se abrirá un nuevo capítulo para ti en el mundo real. Un capítulo que aún no está escrito. Tú eres el autor, y está en tus manos. Pon en práctica lo que has aprendido en este libro y empieza a ser equilibrado y feliz en tu nuevo futuro. No hay mucho más que decir, salvo que te deseo toda la felicidad del mundo. ¡Porque nada es más importante que ser feliz! Y ahora ve... ¡adelante con el nuevo capítulo de tu vida!

Descargo de responsabilidad

Este libro ha sido escrito a mi leal saber y entender. El autor no es responsable de ningún daño o pérdida causada por el contenido de este libro. El autor tampoco es responsable de ningún daño o pérdida causados por el contenido de este libro. Asimismo, el autor no se hace responsable de los contenidos que ya no estén actualizados. No se puede excluir por completo la existencia de errores de imprenta o de información errónea. El uso y la puesta en práctica de la información contenida en el libro se hace bajo su propia responsabilidad. El autor no puede asumir ninguna responsabilidad legal por la información incorrecta y sus consecuencias.

Derechos de autor

Printed in Great Britain
by Amazon